55 Recetas de Jugos para Prevenir y Combatir el Cancer:

Estimule Su Sistema Inmune, Mejore Su Digestión y Hágase Más Saludable Hoy

Por

Joe Correa CSN

DERECHOS DE AUTOR

© 2016 Live Stronger Faster Inc.

Finibi Inc

Todos los derechos reservados

La reproducción o traducción de cualquier parte de este trabajo, más allá de lo permitido por la sección 107 o 108 del Acta de Derechos de Autor de los Estados Unidos, sin permiso del dueño de los derechos es ilegal.

Esta publicación está diseñada para proveer información precisa y autoritaria respecto al tema en cuestión. Es vendido con el entendimiento de que ni el autor ni el editor están envueltos en brindar consejo médico. Si éste fuese necesario, consultar con un doctor. Este libro es considerado una guía y no debería ser utilizado en ninguna forma perjudicial para su salud. Consulte con un médico antes de iniciar este plan nutricional para asegurarse que sea correcto para usted.

RECONOCIMIENTOS

La realización y éxito de este libro no habría sido posible sin la motivación y soporte de mi familia entera.

55 Recetas de Jugos para Prevenir y Combatir el Cancer:

Estimule Su Sistema Inmune, Mejore Su Digestión y Hágase Más Saludable Hoy

Por

Joe Correa CSN

CONTENIDOS

Derechos de Autor

Reconocimientos

Acerca del Autor

Introducción

55 Recetas de Jugos para Prevenir y Combatir el Cáncer: Estimule su Sistema Inmune, Mejore Su Digestión y Hágase Más Sano Hoy

Otros grandes títulos de este autor

ACERCA DEL AUTOR

Como un nutricionista deportivo certificado, honestamente creo en los efectos positivos que la correcta nutrición puede tener en el cuerpo y mente. Mi conocimiento y experiencia me ha ayudado a vivir más sanamente a través de los años, y el cual he compartido con mis amigos y familia. Cuanto más usted sepa de comer y beber sano, más temprano querrá cambiar su vida y hábitos alimenticios.

La nutrición es una parte clave en el proceso de ser más saludable y vivir más años, por ello empiece hoy mismo.

INTRODUCCION

55 Recetas de Jugos Para Prevenir y Combatir El Cáncer le ayudará a tener un sistema inmune más fuerte por medio de una variedad de ingredientes y mezclas poderosos en estos jugos. La prevención del cáncer es un tema serio que debería ser abordado con ejercicio cardiovascular, descanso suficiente y una nutrición apropiada. Estos jugos no deberían reemplazar sus comidas diarias, sino complementarlas.

No tomarse el tiempo para alimentar a su cuerpo apropiadamente puede tener efectos negativos a largo plazo, y es por ello que este libro le ahorrará problemas futuros y le enseñará cómo nutrir su cuerpo para alcanzar un sistema inmune fuerte para combatir el cáncer.

Este libro lo ayudará a:

-Fortalecer el Sistema inmune.

-Mejorar la digestión.

-Limpiar su Torrente Sanguíneo.

-Tener más energía.

-Hacerse más sano diariamente.

-Eliminar toxinas de su cuerpo.

Joseph Correa es un nutricionista deportivo certificado y un atleta profesional.

55 RECETAS DE JUEGOS PARA PREVENIR Y COMBATIR EL CANCER

1. Poder del Beta Caroteno

Beneficios:

El Beta Caroteno es un componente esencial de una dieta saludable. Ha sido demostrado que reduce el riesgo de ciertos cánceres, e incluso ralentiza la reproducción de células cancerígenas. Tanto el cantalupo como las zanahorias contienen altas cantidades de beta-caroteno. La naranja agrega un golpe sabroso y picante a la bebida, y una dosis generosa de Vitamina C.

Ingredientes:

- 1/3 Cantalope, incluída la corteza
- 3 Zanahorias
- 1 Naranja, pelada

¿Cómo prepararlo?:

Lavar todos los ingredientes completamente.

Hágalos jugo todos juntos y disfrute de esta bebida fresca inmediatamente.

Calorías totales: 190

Vitaminas: Vitamina A 15µg, Vitamina C 25mg, Calcio 10mg

Minerales: Sodio 65mg, Potasio 32 mg

Azúcares 8g

2. Impulso Antioxidante

Beneficios:

Espeso en nutrientes y alto en sabor, este jugo frutal fortalecerá su sistema inmune y ayudará a eliminar los radicales libres que podrían causar daño en las células y conllevar al cáncer. Esta receta de jugo es ideal para hacer a cualquier hora del día.

Ingredientes:

- 4 Damascos, sin carozo
- 6 Frutillas grandes
- 1 Naranja

¿Cómo Prepararlo?:

Lave todos los ingredientes completamente.

Hágalos jugo todos juntos y disfrute de esta bebida fresca inmediatamente.

Calorías totales: 90

Vitaminas: Vitamina A 4µg, Vitamina C 8mg, Calcio 10mg

Minerales: Sodio 32 mg, Potasio 29 mg

Azúcares 4 g

3. Sanador Poderoso

Beneficios:

Múltiples estudios han mostrado ya que el ajo, como las cebollas o cebollines, reducen el riesgo de desarrollar cáncer estomacal o intestinal. La explicación viene de los compuestos sulfúricos que contiene el ajo, que tienen el efecto de ralentizar el crecimiento de las células cancerígenas.

El brócoli tiene altos niveles de Vitamina A, B y Calcio, por lo que esto conllevará a un cuerpo saludable y fuere.

Ingredientes:

- 4 Zanahorias grandes

- 4 ramas de brócoli

- 1 diente de ajo

¿Cómo Prepararlo?:

Lave todos los ingredientes completamente.

Hágalos jugo todos juntos y disfrute de esta bebida fresca inmediatamente.

Calorías totales: 163

Vitaminas: Vitamina A 5µg, Vitamina C 9mg, Calcio 11mg

Minerales: Sodio 15mg, Potasio 19 mg

Azúcares 3 g

4. Lechería de la vida

Beneficios:

El alto contenido de cobre y Vitamina C en las peras actúan como un buen antioxidante que puede proteger a las células del daño por parte de radicales libres. Los limonoides son un compuesto encontrados en las naranjas que ayuda para combatir las células cancerígenas de la boca, piel, pulmones, mamas, estómago y colon.

Ingredientes:

- Manzanas – 2, 360g
- Apio - 3 tallos, 190g
- Naranja (pelada) - 125g

- Peras - 2 medianas 350g

- Batata - 127g

¿Cómo Prepararlo?:

Lave todos los ingredientes completamente.

Hágalos jugo todos juntos y disfrute de esta bebida fresca inmediatamente.

Calorías totales: 330

Vitaminas: Vitamina A 690µg, Vitamina C 75mg, Calcio 150mg

Minerales: Sodio 152mg, Potasio 130mg

Azúcares 60g

5. Mix de Zanahoria

Beneficios:

Los estudios han mostrado que el licopeno, un carotenoide encontrado en los tomates, juega un rol en la prevención de algunos tipos de cánceres como pulmonar, próstata y colon. Las zanahorias hacen maravillas para impulsar el sistema inmune, incrementando el desempeño de las células blancas y ayudando a eliminar el riesgo de un infarto en 68% y el riesgo de cáncer pulmonar en 50%. Incrementa la inmunidad mediante el beta-caroteno, el cual contiene en grandes cantidades.

Ingredientes:

- Zanahorias - 144g

- Apio - 3 tallos, 192g

- Pepino - 1/2 pepino 150g

- Perejil - 2 puñados 80g

- Tomatos - 3 medianos enteros 365g

¿Cómo Prepararlo?:

Lave todos los ingredientes completamente.

Hágalos jugo todos juntos y disfrute de esta bebida fresca inmediatamente.

Calorías totales: 90

Vitaminas: Vitamina A 980µg, Vitamina C 150mg, Calcio 211mg

Minerales: Sodio 235mg, Potasio 190mg

Azúcares 16g

6. Pomelo Dulce

Beneficios:

El jengibre ha sido probado y ha demostrado que podría ralentizar e incluso prevenir el crecimiento de tumores cancerígenos. El antioxidante de las naranjas ayuda a la piel del daño de los radicales libres, y también reduce el riesgo de enfermedades cardíacas.

Ingredientes:

- Arándanos - 3 tazas, 290g
- Raíz de Jengibre - 45g
- Pomelo (pelado) 400g
- Naranjas - 3 frutas 350g

¿Cómo Prepararlo?:

Lave todos los ingredientes completamente.

Hágalos jugo todos juntos y disfrute de esta bebida fresca inmediatamente.

Calorías totales: 213

Vitaminas: Vitamina A 124µg, Vitamina C 210mg, Calcio 140mg

Minerales: Sodio 10mg, Potasio 130mg

Azúcares 51g

7. Tiempo de Súper Frutilla

Beneficios:

La Frutilla ayuda a disminuir las tasas de mortalidad por cáncer, por su gran contenido de antioxidantes que previenen el daño causado por radicales libres en nuestro cuerpo, y que también desintoxican el cuerpo. Ha sido demostrado que el extracto de piel de manzana disminuye el riesgo de cáncer de colon e hígado.

Ingredientes:

- Manzanas - 2 grandes 440g
- Limón - 1/2 fruta 32g
- Frutillas - 3 tazas, 430g

¿Cómo Prepararlo?:

Lave todos los ingredientes completamente.

Hágalos jugo todos juntos y disfrute de esta bebida fresca inmediatamente.

Calorías totales: 190

Vitaminas: Vitamina A 9μg, Vitamina C 180mg, Calcio 71mg

Minerales: Sodio 5mg, Potasio 790mg

Azúcares 45g

8. Mix Milla Verde

Beneficios:

Consumir Vitamina C ayuda a disminuir la incidencia de las úlceras pépticas y disminuye el riesgo de cáncer estomacal. El caroteno encontrado en la espinaca es beneficial a la hora de combatir y prevenir el cáncer, y es un poderoso agente antioxidante y anti cancerígeno. El alto contenido de hierro en la espinaca la hace una gran constructora de sangre, y le da oxígeno fresco al cuerpo entero.

Ingredientes:

- Col de Bruselas – 1 col 17g
- Pepino -1, 300g

- Naranjas - 2, 260g
- Ananá – ¼ 225g
- Espinaca – 4 puñados 102g

¿Cómo Prepararlo?:

Lave todos los ingredientes completamente.

Hágalos jugo todos juntos y disfrute de esta bebida fresca inmediatamente.

Calorías totales: 180

Vitaminas: Vitamina A 430µg, Vitamina C 209mg, Calcio 215mg

Minerales: Sodio 74mg, Potasio 130mg, Azúcares 34g

9. Mix de Coco

Beneficios:

Las naranjas, teniendo altas cantidades de Vitamina C, reducen el riesgo de enfermedades cardíacas, y también el riesgo de cáncer estomacal. Los cocos podrían jugar un rol importante en la reducción de todos los tipos de riesgos de cáncer.

Ingredientes:

- Coco (solo la carne) - 1 mediano 390g
- Naranjas - 2 grandes 365g
- Duraznos - 2 medianos 300g

¿Cómo Prepararlo?:

Lave todos los ingredientes completamente.

Hágalos jugo todos juntos y disfrute de esta bebida fresca inmediatamente.

Calorías totales: 950

Vitaminas: Vitamina A 59µg, Vitamina C 156mg, Calcio 148mg

Minerales: Sodio 53mg, Potasio 180mg

Azúcares 53g

10. Pineapple Peppermint Combo

Beneficios:

El alto contenido de vitamin C en las peras las hacen una buena fuente de antioxidants que puede proteger del daño celular por los radicales libres. También tienen alto contenido de fructosa y glucosa, por lo que usted obtiene un impulso de energía natural. Las frutillas pueden ayudarlo a mejorar su memoria, concentración, y la habilidad del cerebro para procesar información.

Ingredientes:

- Pera - 1 mediana 175g
- Menta - 0.75g

- Ananá - ½ 450g

- Frutilla - 1 taza, 140g

¿Cómo Prepararlo?:

Lave todos los ingredientes completamente.

Hágalos jugo todos juntos y disfrute de esta bebida fresca inmediatamente.

Calorías totales: 220

Vitaminas: Vitamina A 11µg, Vitamina C 214mg, Calcio 67mg

Minerales: Sodio 4mg, Potasio 612mg

Azúcares 41g

11. Jugo ACG

Beneficios:

El limonoide es un componente encontrado en las naranjas que combate el cáncer de boca, piel, pulmón, estómago y mama. El Jengibre ha sido demostrado que ayuda a prevenir el crecimiento de tumores cancerígenos, y no nos olvidemos que las manzanas también juegan un rol en la prevención de cáncer también.

Ingredientes:

- Manzanas - 3 medianas 540g
- Apio - 4 tallos, large 255g
- Raíz de Jengibre - 1/4 pulgar 6g

- Limón (con cáscara) - 1/2 fruta 30g

- Naranja (pelada) - 1 grande 181g

¿Cómo Prepararlo?:

Lave todos los ingredientes completamente.

Hágalos jugo todos juntos y disfrute de esta bebida fresca inmediatamente.

Calorías totales: 211

Vitaminas: Vitamina A 420μg, Vitamina C 120mg, Calcio 200mg

Minerales: Sodio 201mg, Potasio 1520 mg, Azúcares 54g

12. Amigo Verde

Beneficios:

Los pimientos son antioxidantes poderosos, útiles en la prevención del cáncer de páncreas y próstata. Los tomates son una buena fuente de melatonina, que protege contra el cáncer de mama en muchas formas.

Ingredientes:

- Manzanas (verdes) - 2 medianas 360g
- Zanahorias - 3 medianas 180g
- Pepino - 1 pepino 300g
- Uvas (verdes) - 15 uvas 90g

- Pimiento (verde dulce) - 1 mediano 115g

- Tomate - 1 mediano entero (2-3/5" dia) 120g

¿Cómo Prepararlo?:

Lave todos los ingredientes completamente.

Hágalos jugo todos juntos y disfrute de esta bebida fresca inmediatamente.

Calorías totales: 220

Vitaminas: Vitamina A 1290µg, Vitamina C 150mg, Calcio 150mg

Minerales: Sodio 132mg, Potasio 1654mg

Azúcares: 39

13. Vida T

Beneficios:

Largas cantidades de Potasio ayudan a aliviar los síntomas del estrés. Muchas substancias antioxidantes están contenidas en el jugo de tomate, incluyendo licopeno que ayuda a prevenir el daño causado por los radicales libres a los tejidos corporales.

Ingredientes:

- Albahaca (seca) - 1 pizca, molida 0.17g
- Coliflor - 1/2 cabeza mediana 294g
- Pepino - 1 pepino 301g
- Tomates - 2 tazas de tomate cherry 298g

- Manzana - 1, 180g

¿Cómo Prepararlo?:

Lave todos los ingredientes completamente.

Hágalos jugo todos juntos y disfrute de esta bebida fresca inmediatamente.

Calorías totales: 100

Vitaminas: Vitamina A 101μg, Vitamina C 130mg, Calcio 98mg

Minerales: Sodio 74g, Potasio 140g

Azúcares 11g

14. Poder del brócoli

Beneficios:

La vitamin C y ciertos aminoácidos hacen del brócoli un buen desintoxicante. Los radicales libres son eliminados del cuerpo y la sangre se purifica. El brócoli reduce el riesgo de cáncer de mama y útero, ya que remueve el estrógeno extra del cuerpo. También contiene antioxidantes y fibras.

Ingredientes:

- Manzana – 1 mediana 182g
- Arándanos - 1 taza 148g
- Brócoli - 1 tallo 151g
- Zanahorias - 3 grandes 210g

¿Cómo Prepararlo?:

Lave todos los ingredientes completamente.

Hágalos jugo todos juntos y disfrute de esta bebida fresca inmediatamente.

Calorías totales: 202

Vitaminas: Vitamina A 230µg, Vitamina C 110mg, Calcio 150mg

Minerales: Sodio 220mg, Potasio 140mg

Azúcares 40g

15. El 3 vías

Beneficios:

Comer una manzana por día puede reducir el riesgo de cáncer de mama y disminuír el riesgo de cáncer de colon. Siendo altas en contenido de vitamina C, las naranjas ayudan a estimular las células blancas a combatir infecciones.

Ingredientes:

- Manzanas - 4 medianas 720g
- Apio - 2 tallos, large 125g
- Naranjas (peladas) - 2 frutas 261g

¿Cómo Prepararlo?:

Lave todos los ingredientes completamente.

Hágalos jugo todos juntos y disfrute de esta bebida fresca inmediatamente.

Calorías totales: 320

Vitaminas: Vitamina A 51µg, Vitamina C 125mg, Calcio 140mg

Minerales: Sodio 71mg, Potasio 112mg

Azúcares 76g

16. Mix de remolacha

Beneficios:

Las zanahorias reducen los niveles de colesterol y la posibilidad de sufrir un ataque cardíaco. La raíz de remolacha es un tratamiento utilizado para la leucemia en algunos países. Contienen un aminoácido llamado betaína que tiene propiedades anti cancerígenas.

Ingredientes:

- Manzana - 1 mediana 180g
- Raíz de Remolacha - 1 remolacha 175g
- Zanahorias - 10 medianas 630g
- Limón - 1/2 fruta 42g

- Kiwi (pelado) - 2 frutas 260g

¿Cómo Prepararlo?:

Lave todos los ingredientes completamente.

Hágalos jugo todos juntos y disfrute de esta bebida fresca inmediatamente.

Calorías totales: 320

Vitaminas: Vitamina A 3900µg, Vitamina C 160mg, Calcio 250mg

Minerales: Sodio 430mg, Potasio 230mg

Azúcares 60g

17. Combinado de Manzana y Espinaca

Beneficios:

La espinaca puede ralentizar la división de células cancerígenas, especialmente en cáncer de mama, cervical, próstata, estómago y piel. Las peras tienen una alta cantidad de fructosa, que lo ayuda a obtener un rápido y natural impulso de energía.

Ingredientes:

- Manzana - 1 mediana 180g
- Zanahorias - 5 medianas 304g
- Pepino - 1 pepino 300g
- Pera - 1 mediana 175g

- Espinaca - 2 puñados 50g

¿Cómo Prepararlo?:

- **Lave todos los ingredientes completamente.**
- **Hágalos jugo todos juntos y disfrute de esta bebida fresca inmediatamente.**

Calorías totales: 210

Vitaminas: Vitamina A 1850µg, Vitamina C 58mg, Calcio 165mg

Minerales: Sodio 150mg, Potasio 130mg

Azúcares 39g

18.   Jugo Exótico de Sulforafano

Beneficios:

El sulforafano de la col rizada ha demostrado tener un efecto más directo en la prevención de cáncer, especialmente en el cáncer de colon, induciendo a las células cancerígenas a destruirse a sí mismas. El jengibre ayuda a reducir la inflamación, asique puede ser utilizado para tratar cualquier enfermedad.

Ingredientes:

- Raíz de Jengibre - 1/2 pulgar 12g
- Col Rizada - 4 hojas 140g
- Mango - 1 fruta 335g

- Ananá - 1 taza, en trozps 165g

¿Cómo Prepararlo?:

Lave todos los ingredientes completamente.

Hágalos jugo todos juntos y disfrute de esta bebida fresca inmediatamente.

Calorías totales: 219

Vitaminas: Vitamina A 619µg, Vitamina C 250mg, Calcio 216mg

Minerales: Sodio 35mg, Potasio 101mg

Azúcares 48g

19. Desayuno de Mango Rojo

Beneficios:

El consumo de beta-carotenos ha sido relacionado con la reducción de riesgos de muchos cánceres, notablemente el pulmonar. Las frutillas podrían ser de ayuda para diluir la sangre y evitar la formación de coágulos, reduciendo por ello el trabajo del corazón.

Ingredientes:

- Manzanas - 2 medianas 362g
- Repollo (colorado) - 2 hojas 46g
- Zanahorias - 3 medianas 180g
- Mango (pelado) - 1 fruta 336g

- Frutillas - 1.5 taza, enteras 216g

¿Cómo Prepararlo?:

Lave todos los ingredientes completamente.

Hágalos jugo todos juntos y disfrute de esta bebida fresca inmediatamente.

Calorías totales: 230

Vitaminas: Vitamina A 1300μg, Vitamina C 141mg, Calcio 192mg

Minerales: Sodio 242mg, Potasio 1328mg

Azúcares 20g

20. Golpe de Kiwi

Beneficios:

Las frutillas pueden mejorar la memoria y la habilidad del cerebro de procesar la información, y también desintoxican el cuerpo. Los nutrientes contenidos en el kiwi tienen propiedades antioxidantes también.

Ingredientes:

- Arándanos - 2 tazas 290g
- Kiwi - 2 frutas 135g
- Menta - 50 hojas 2.5g
- Frutillas - 16 medianas 190g

¿Cómo Prepararlo?:

Lave todos los ingredientes completamente.

Hágalos jugo todos juntos y disfrute de esta bebida fresca inmediatamente.

Calorías totales: 175

Vitaminas: Vitamina A 13μg, Vitamina C 170mg, Calcio 65mg

Minerales: Sodio 5mg, Potasio 620mg

Azúcares 3g

21. Lluvia de Moras

Beneficios:

Las peras tienen antioxidants y anticarcinógenos que ayudan a prevenir la presión alta. Consumir alimentos ricos en vitamina C ayuda a reducir la incidencia de úlceras pépticas y por ello, disminuír el riesgo de cáncer estomacal.

Ingredientes:

- Mora - 1 taza 140g
- Kiwi - 1 fruta 65g
- Pera - 1 mediana 175g
- Ananá (pelado, sin corteza) - 1/4 fruta 220g

¿Cómo Prepararlo?:

Lave todos los ingredientes completamente.

Hágalos jugo todos juntos y disfrute de esta bebida fresca inmediatamente.

Calorías totales: 150

Vitaminas: Vitamina A 19µg, Vitamina C 135mg, Calcio 71mg

Minerales: Sodio 5mg, Potasio 610mg

Azúcares 35g

22. Combatiente de Col Rizada

Beneficios:

Las coles son ricas en fuentes invaluables de Fito-nutrientes con potentes propiedades anti cancerígenas, como el diinfolilmetano (DIM) y sulforafano, que tienen beneficios probados contra el cáncer de próstata y mama.

Ingredientes:

- Manzana - 1 mediana 182g
- Hojas de Col - 1 taza, picada 36g
- Col Rizada - 4 hojas (8-12") 140g
- Pimiento (rojo dulce) - 1 mediano 119g

¿Cómo Prepararlo?:

Lave todos los ingredientes completamente.

Hágalos jugo todos juntos y disfrute de esta bebida fresca inmediatamente.

Calorías totales: 110

Vitaminas: Vitamina A 1400µg, Vitamina C 192mg, Calcio 180mg

Minerales: Sodio 103mg, Potasio 124mg

Azúcares 18g

23. Energía del Limón Dorado

Beneficios:

De acuerdo a un estudio de 20,000 personas, aquellos que comieron más manzanas lograron un riesgo 40% menor de desarrollar cáncer pulmonar. El alto contenido de Vitamina K es esencial en el anclaje de Calcio en los huesos, haciéndolo importante para la salud ósea.

Ingredientes:

- Manzanas - 2 medianas 360g
- Pepino - 1/2 pepino 150g
- Limón - 1 fruta 65g
- Espinaca - 5 tazas 150g

¿Cómo Prepararlo?:

Lave todos los ingredientes completamente.

Hágalos jugo todos juntos y disfrute de esta bebida fresca inmediatamente.

Calorías totales: 140

Vitaminas: Vitamina A 490µg, Vitamina C 51mg, Calcio 140mg

Minerales: Sodio 85mg, Potasio 980mg

Azúcares 25g

24. Triple P Saludable

Beneficios:

Un estudio encontró un extracto de la piel de manzana que tenía un efecto de 57% de reducción en el riesgo del cáncer de hígado. Los extractos del perejil han sido utilizados en estudios animales para ayudar a incrementar la capacidad antioxidante de la sangre.

Ingredientes:

- Manzana - 1/2 mediana 90g
- Pepino - 1/2 pepino 150.5g
- Raíz de Jengibre - 1 pulgar 24g
- Papaya (deseeded) - 1/4 fruta, 195.25g

- Perejil - 1 puñado 40g

- Pera - 1/2 mediana 89g

¿Cómo Prepararlo?:

Lave todos los ingredientes completamente.

Hágalos jugo todos juntos y disfrute de esta bebida fresca inmediatamente.

Calorías totales: 125

Vitaminas: Vitamina A 251µg, Vitamina C 120mg, Calcio 122mg

Minerales: Sodio 65mg, Potasio 700mg

Azúcares 20g

25. Déjanos Ayudarte

Beneficios:

El jugo de lechuga es una fuente excelente de hidratación a nivel celular. También es rica en antioxidantes, especialmente beta-carotenos, Vitamina C y vitamina E. Estas substancias ayudan a prevenir el envejecimiento prematuro.

Ingredientes:

- Manzanas - 2 medianas 360g
- Apio - 2 tallos, grandes 125g
- Pepino - 1/2 pepino 150g
- Lechuga - 2 tazas 94g

¿Cómo Prepararlo?:

Lave todos los ingredientes completamente.

Hágalos jugo todos juntos y disfrute de esta bebida fresca inmediatamente.

Calorías totales: 154

Vitaminas: Vitamina A 320µg, Vitamina C 61mg, Calcio 125mg

Minerales: Sodio 76mg, Potasio 874mg

Azúcares 34g

26. Mezcla Dulce

Beneficios:

El pigmento que le da a la remolacha su rico color rojo carmesí es también un poderoso agente combatiente del cáncer. Estudios muestran que el jugo de remolacha puede ayudar a inhibir el desarrollo de cáncer de colon y estómago.

Ingredientes:

- Manzanas (dorados deliciosas) – 2, 364g
- Raíz de Remolacha - 2 remolachas 164g
- Zanahoria - 1 large 72g
- Batata - 1, 130g

¿Cómo Prepararlo?:

Lave todos los ingredientes completamente.

Hágalos jugo todos juntos y disfrute de esta bebida fresca inmediatamente.

Calorías totales: 234

Vitaminas: Vitamina A 986µg, Vitamina C 155mg, Calcio 110mg

Minerales: Sodio 156mg, Potasio 1390mg

Azúcares 41g

27. Mundo Melón

Beneficios:

El licopeno (de las sandías) ha sido estudiado extensamente por sus propiedades antioxidantes y anticancerígenas. Es especialmente de ayuda para combatir el cáncer de próstata.

Ingredientes:

Tomate - 1 mediano entero 120g

Sandía - 1 cuña grande 570g

¿Cómo Prepararlo?:

Lave todos los ingredientes completamente.

Hágalos jugo todos juntos y disfrute de esta bebida fresca inmediatamente.

Calorías totales: 109

Vitaminas: Vitamina A 142µg, Vitamina C 41mg, Calcio 31mg

Minerales: Sodio 6mg, Potasio 620mg

Azúcares 22g

28. Baile Frutal

Beneficios:

El abundante contenido de Vitamina A y carotenoides ayuda a prevenir problemas visuals relacionados con la edad. Un estudio muestra que la pectina en manzanas reduce el riesgo de cáncer de colon y ayuda a mantener un tracto digestivo saludable. Este jugo también es antioxidante, fortalece el sistema inmune, ayuda a la digestión y es diurético.

Ingredientes:

- Manzanas - 2 medianas 360g
- Palta - 1 palta 200g

- Apio - 3 tallos, grandes 190g

- Uvas - 15 uvas 90g

- Espinaca - 2 tazas 60g

¿Cómo Prepararlo?:

Lave todos los ingredientes completamente.

Hágalos jugo todos juntos y disfrute de esta bebida fresca inmediatamente.

Calorías totales: 320

Vitaminas: Vitamina A 235µg, Vitamina C 51mg, Calcio 143mg

Minerales: Sodio 139mg, Potasio 1690mg

Azúcares 28g

29. Camino de Zanahoria

Beneficios:

Estudios muestran que las mujeres que comieron zanahorias crudas fueron cinco a ocho veces menos probables de desarrollar cáncer de mama que aquellas que no las comieron. Las pectinas en las zanahorias disminuyen los niveles de colesterol sérico.

Ingredientes:

- Manzana - 1 mediana 182g
- Zanahorias - 3 medianas 182g
- Ajo - 2 dientes 6g
- Raíz de Jengibre - 1 pulgar 24g

¿Cómo Prepararlo?:

Lave todos los ingredientes completamente.

Hágalos jugo todos juntos y disfrute de esta bebida fresca inmediatamente.

Calorías totales: 98

Vitaminas: Vitamina A 1083µg, Vitamina C 47mg, Calcio 82mg

Minerales: Sodio 97mg, Potasio 705mg

Azúcares 15g

30. Jugo KL

Beneficios:

La col rizada es una fuente rica en componentes de azufre orgánico, que es genial combatiendo muchos cánceres. Estudios recientes muestran que el jengibre también tendría un rol en la disminución del colesterol LDL porque la especia puede ayudar a reducir la cantidad de colesterol que se absorbe.

Ingredientes:

- Apio - 4 tallos, grandes 256g
- Pepino - 1 pepino 301g
- Raíz de Jengibre - 1 pulgar 24g

- Col Rizada - 6 hojas 210g

¿Cómo Prepararlo?:

- **Lave todos los ingredientes completamente.**

- **Hágalos jugo todos juntos y disfrute de esta bebida fresca inmediatamente.**

Calorías totales: 220

Vitaminas: Vitamina A 200µg, Vitamina C 99mg, Calcio 34mg

Minerales: Sodio 12mg, Potasio 64mg

Azúcares 10g

31. Cubierta de Limón

Beneficios:

La raíz de remolacha es un tratamiento utilizado para la leucemia porque contiene un aminoácido llamado betaína. Tomar jugo de limón es beneficioso para la gente que sufre de problemas cardíacos, ya que contiene potasio, que controla la presión sanguínea.

Ingredientes:

- Raíz de Remolacha - 1 remolacha 175g
- Repollo (colorado) - 2 hojas 46g
- Zanahorias - 3 medianas 183g
- Lima - 1/2 fruta 42g

- Naranja - 1 fruta 131g

- Manzana – 1 180g

¿Cómo Prepararlo?:

Lave todos los ingredientes completamente.

Hágalos jugo todos juntos y disfrute de esta bebida fresca inmediatamente.

Calorías totales: 296

Vitaminas: Vitamina A 500µg, Vitamina C 152mg, Calcio 52mg

Minerales: Sodio 40mg, Potasio 190mg

Azúcares 19g

32. Cóctel Fiesta

Beneficios:

Las naranjas, siendo altar en flavonoides, reducen el riesgo de enfermedades cardíacas y también forman un sistema inmune fuerte. Su contenido de vitamina C actúa como un buen antioxidante que protege las células del daño de radicales libres.

Ingredientes:

- Manzanas - 2 medianas 360g
- Apio - 2 tallos, medianos) 80g
- Pepino - 1 pepino 301g
- Limón - 1/2 fruta 42g

- Naranjas (peladas) - 2 frutas 260g

¿Cómo Prepararlo?:

Lave todos los ingredientes completamente.

Hágalos jugo todos juntos y disfrute de esta bebida fresca inmediatamente.

Calorías totales: 190

Vitaminas: Vitamina A 48µg, Vitamina C 98mg, Calcio 40mg

Minerales: Sodio 19mg, Potasio 101mg

Azúcares: 12g

33. Vida Naranja Banana

Beneficios:

Las manzanas son geniales, porque realmente reducen el riesgo de cualquier tipo de cáncer, y las naranjas tienen un alto contenido de vitamina C, que ayuda al sistema inmune a volverse más fuerte.

Ingredientes:

- Manzana - 1 mediana 180g
- Pepino - 1 pepino (301g)
- Naranja - 1 grande 154g
- Banana - 1 mediana 150 g

¿Cómo Prepararlo?:

Lave todos los ingredientes completamente.

Hágalos jugo todos juntos y disfrute de esta bebida fresca inmediatamente.

Calorías totales: 215

Vitaminas: Vitamina A 20µg, Vitamina C 70mg, Calcio 79mg,

Minerales: Sodio 156, Potasio 900mg

Azúcares 25g

34. Tiempo de BOA

Beneficios:

Las manzanas protegen el cuerpo de los efectos de radicales libres, y las naranjas son bien conocidas por reducir los riesgos de cáncer. Las bananas son también ricas en potasio.

Ingredientes:

- Apple – 1 grande 213g
- Naranja (pelada) - 1 fruta sin desperdicio 316g
- Banana (pelada) – 1 mediana 150 g

¿Cómo Prepararlo?:

Lave todos los ingredientes completamente.

Hágalos jugo todos juntos y disfrute de esta bebida fresca inmediatamente.

Calorías totales: 209

Vitaminas: Vitamina A 110µg, Vitamina C 64mg, Calcio 30mg

Minerales: Sodio 49mg, Potasio 390mg

Azúcares 7g

35. Golpe de Mango Limonado

Beneficios:

Los limones son una gran forma de mantener su cuerpo saludable y prevenir el cáncer de piel. Los mangos reducen el cáncer de colon y mama.

Ingredientes:

- Manzanas - 1 mediana 180g
- Limón (pelado) - 1/2 fruta 25g
- Mango (pelado) – 1/2 fruta 70 g

¿Cómo Prepararlo?:

Lave todos los ingredientes completamente.

Hágalos jugo todos juntos y disfrute de esta bebida fresca inmediatamente.

Calorías totales: 90

Vitaminas: Vitamina A 420µg, Vitamina C 14.9mg, Calcio 20mg,

Minerales: Sodio 12mg, Potasio 230mg

Azúcares 4g

36. Combinado de Manzana y Lima

Beneficios:

El repollo previene que la presión de sangre se eleve y le permite controlarla mejor. Las peras son ricas en nutrientes y previenen muchos tipos de cánceres.

Ingredientes:

- Manzana - 1 mediana 180 g
- Repollo (colorado) – 2 hojas 52g
- Lima - 1/2 fruta 27g
- Peras - 2 medianas 346g

¿Cómo Prepararlo?:

Lave todos los ingredientes completamente.

Hágalos jugo todos juntos y disfrute de esta bebida fresca inmediatamente.

Calorías totales: 205

Vitaminas: Vitamina A 29µg, Vitamina C 48.1mg, Calcio 40mg

Minerales: Sodio 12mg, Potasio 400mg

Azúcares 5g

37. Mundo de la Pera

Beneficios:

Las peras son una gran forma de construir su sistema inmune y los limones, por su alto contenido de vitamina C, son muy ricos en antioxidantes, que previenen el cáncer manteniendo al sistema inmune fuerte.

Ingredientes:

- Limón (pelado) – ½ fruta 25g
- Peras - 1 mediana 170g
- Espinaca – 2 puñado 50g
- Banana – 2 medianas 300g

¿Cómo Prepararlo?:

Lave todos los ingredientes completamente.

Hágalos jugo todos juntos y disfrute de esta bebida fresca inmediatamente.

Calorías totales: 190

Vitaminas: Vitamina A 210µg, Vitamina C 83mg, Calcio 150mg,

Minerales: Sodio 33mg, Potasio 230mg

Azúcares 8g

38. Sorpresa de Remolacha de Mañana

Beneficios:

Las manzanas son poderosos antioxidants naturales. Ha sido demostrado que el extracto de piel de manzana disminuye los riesgos de cáncer de colon e hígado. La remolacha combate la inflamación y puede también mejorar la vista.

Ingredientes:

- Manzana - 1 mediana 180g
- Raíz de Remolacha - 1/2 remolacha 40g
- Naranja (pelada) - 1 mediana 140 g
- Espinaca - 1 puñado 25g

¿Cómo Prepararlo?:

Lave todos los ingredientes completamente.

Hágalos jugo todos juntos y disfrute de esta bebida fresca inmediatamente.

Calorías totales: 84

Vitaminas: Vitamina A 300µg, Vitamina C 19mg, Calcio 21mg,

Minerales: Sodio 30mg, Potasio 218mg

Azúcares 5g

39. Combinado de Uvas y Apio

Beneficios:

Las bananas son geniales para la salud del corazón, las naranjas pueden reducir los riesgos de contraer cáncer y el apio contiene sales buenas. El limonoide es un componente encontrado en las naranjas que ha sido probado que ayuda a combatir el cáncer de boca, piel, pulmón, mama, estómago y colon.

Ingredientes:

- Banana (pelada) – 1 mediana 150g
- Apio – 2 tallos, 142g
- Uvas – 14 uvas 80g

- Naranja - 1 mediana 140

¿Cómo Prepararlo?:

Lave todos los ingredientes completamente.

Hágalos jugo todos juntos y disfrute de esta bebida fresca inmediatamente.

Calorías totales: 90

Vitaminas: Vitamina A 108µg, Vitamina C 40mg, Calcio 80mg

Minerales: Sodio 30mg, Potasio 100mg

Azúcares 4g

40. Golpe PAC

Beneficios:

Las manzanas reducen el riesgo de contraer cáncer, los duraznos son altos en nutrientes y vitaminas, y las zanahorias son una gran fuente de beta-carotenos. Las zanahorias incrementan el desempeño de las células blancas y también ayudan a eliminar el exceso de fluídos del cuerpo.

Ingredientes:

- Duraznos – 3 medianos   450g
- Manzana - 1 mediana 180 g
- Zanahoria - 2/80g

¿Cómo Prepararlo?:

Lave todos los ingredientes completamente.

Hágalos jugo todos juntos y disfrute de esta bebida fresca inmediatamente.

Calorías totales: 352

Vitaminas: Vitamina A 600uq, Vitamina C 45mg, Calcio 40mg,

Minerales: Sodio 12mg, Potasio 310mg

Azúcares 6g

41. Doble Remolacha

Beneficios:

El perejil y los tomatos son altos en antioxidants y también juegan un rol en la regulación de la presión arterial, y no nos olvidemos que las zanahorias reducen el riesgo de contraer cáncer.

Ingredientes:

- Raíz de Remolacha - 1 remolacha 81g
- Zanahorias – 1 mediana 60g
- Apio - 2 tallos, lgrandes 125g
- Perejil - 4 puñado 160g
- Tomates - 2 120g

¿Cómo Prepararlo?:

Lave todos los ingredientes completamente.

Hágalos jugo todos juntos y disfrute de esta bebida fresca inmediatamente.

Calorías totales: 203

Vitaminas: Vitamina A 1273µg, Vitamina C 200.4mg, Calcio

Minerales: Sodio 44mg, Potasio 62mg

Azúcares 21 g

42. C Mas

Beneficios:

El jengibre ayuda a ralentizar o incluso prevenir el crecimiento de tumores cancerígenos, y la pectina en las zanahorias disminuye los niveles de colesterol sérico.

Ingredientes:

- Zanahorias - 3 grandes 215g
- Apio - 4 tallos, grandes 255g
- Pepino - 1/2 pepino 150g
- Raíz de Jengibre - 1/2 pulgar 11g
- Manzana - 1 mediana 80 g

¿Cómo Prepararlo?:

Lave todos los ingredientes completamente.

Hágalos jugo todos juntos y disfrute de esta bebida fresca inmediatamente.

Calorías totales: 141

Vitaminas: Vitamina A 1201µg, Vitamina C 17mg, Calcio 150mg

Minerales: Sodio 270mg, Potasio 1307mg

Azúcares 23g

43. Mezcla CAB

Beneficios:

Las manzanas reducen el colesterol y el riesgo de contraer muchos tipos de cáncer. Algunos estudios sobre el pepino han mostrado que podrían controlar la velocidad en la que las células cancerígenas se multiplican.

Ingredientes:

- Manzanas - 1 mediana 180g
- Raíz de Remolacha - 1 remolacha 80g
- Pepino - 135g

¿Cómo Prepararlo?:

Lave todos los ingredientes completamente.

Hágalos jugo todos juntos y disfrute de esta bebida fresca inmediatamente.

Calorías totales: 165

Vitaminas: Vitamina A 603μg, Vitamina C 17mg, Calcio 40mg

Minerales: Sodio 95mg, Potasio 750

Azúcares 30g

44. Combatiente del Cáncer

Beneficios:

Las manzanas son una gran forma para desintoxicar el hígado. El extracto de la piel de manzana puede reducir el riesgo de contraer cáncer de hígado y otros más..

Ingredientes:

- Manzana - 1 mediana 180g
- Uvas - 80g
- Zanahorias - 2 grandes 140g
- Lima - 1 fruta 60 g

¿Cómo Prepararlo?:

Lave todos los ingredientes completamente.

Hágalos jugo todos juntos y disfrute de esta bebida fresca inmediatamente.

Calorías totales: 95

Vitaminas: Vitamina A 707µg. Vitamina C 17mg, Calcio 55mg

Minerales: Cobre, Sodio 125mg, Potasio 603mg

Azúcares 22g

45. Jungla Verde

Beneficios:

1 manzana por día reduce el riesgo de contraer cáncer. Los limones son geniales para combatir todos los tipos de cáncer y las deficiencias del sistema inmune.

Ingredientes:

- Melón Amargo - 1 melón amargo 110g
- Mango - 1/2 grande 160g
- Limón (con cáscara) - 1 fruta 80g
- Manzana - 1 mediana 80g

¿Cómo Prepararlo?:

Lave todos los ingredientes completamente.

Hágalos jugo todos juntos y disfrute de esta bebida fresca inmediatamente.

Calorías totales: 55

Vitaminas: Vitamina A 78µg, Vitamina C 157mg, Calcio 49mg

Minerales: Sodio 43mg, Potasio 81mg

Azúcares 12g

46. Triple C

Beneficios:

El apio es conocido por su alto contenido antioxidante, y el cilantro es muy Bueno para mantener los huesos y el Sistema inmune fuertes, lo cual es esencial a la hora de combatir el cáncer.

Ingredientes:

- Zanahorias – 3 medianas 180g
- Apio - 2 tallos, grandes 120g
- Cilantro - 1 puñado 32g
- Manzana - 1 mediana 80g

¿Cómo Prepararlo?:

Lave todos los ingredientes completamente.

Hágalos jugo todos juntos y disfrute de esta bebida fresca inmediatamente.

Calorías totales: 20

Vitaminas: Vitamina A 336µg, Vitamina C 18.2mg, Calcio 80

Minerales: Sodio 25mg, Potasio 120mg

Azúcares 5g

47. Mezcla light

Beneficios:

Las remolachas son altas en carbohidratos, lo que significa que son una gran fuente de energía instantánea. Un estudio también muestra que el jugo de remolacha puede ayudar a inhibir el desarrollo del cáncer de colon y la lima es un antiséptico natural.

Ingredientes:

- Manzana - 1 mediana 180g
- Raíz de Remolacha - 1 remolacha 80g
- Lima - 1/2 fruta 29g
- Espinaca - 2 taza 60g

¿Cómo Prepararlo?:

Lave todos los ingredientes completamente.

Hágalos jugo todos juntos y disfrute de esta bebida fresca inmediatamente.

Calorías totales: 179

Vitaminas: Vitamina A 9µg, Vitamina C 101mg, Calcio 50mg

Minerales: Sodio 45mg, Potasio 625mg

Azúcares 36g

48. Banana encima

Beneficios:

El jugo de tomate tiene propiedades antioxidantes y diuréticas, y también mejora las funciones digestivas. Ayuda a desintoxicar el hígado y los riñones. Las manzanas reducen el riesgo de contraer cáncer de hígado.

Ingredientes:

- Manzanas - 2 medianas 350g
- Pepino - 1 pepino 300g
- Espinaca - 2 tazas 60g
- Tomate - 1 mediano entero 115g

- Banana - 1 mediana 150g

¿Cómo Prepararlo?:

Lave todos los ingredientes completamente.

Hágalos jugo todos juntos y disfrute de esta bebida fresca inmediatamente.

Calorías totales: 190

Vitaminas: Vitamina A 1012µg, Vitamina C 98mg, Calcio 150mg

Minerales: Sodio 129mg, Potasio 1505mg

Azúcares 31g

49. Tomato Flow

Beneficios:

Los tomates contienen otros poderosos agentes anti-inflamatorios, que se encuentran concentrados particularmente en la piel del tomate. Esto combate la inflamación y podría jugar un rol en la prevención de algunos tipos de cánceres.

Ingredientes:

- Apio - 1 tallo, grande 60g
- Cilantro - 1 puñado 35g
- Ajo - 1 diente 3g
- Tomate - 1 taza de tomates cherry 145g

¿Cómo Prepararlo?:

Lave todos los ingredientes completamente.

Hágalos jugo todos juntos y disfrute de esta bebida fresca inmediatamente.

Calorías totales: 30

Vitaminas: Vitamina A 151µg, Vitamina C 86mg,

Minerales: Sodio 140mg, Potasio 620mg

Azúcares 5g

50. Verificación de limonoides

Beneficios:

Es bien sabido que los limonoides en los limones inhiben el desarrollo del cáncer, y las manzanas reducen el riesgo de contraer cáncer.

Ingredientes:

- Manzanas – 3 medianas 545g
- Apio - 3 tallos, grandes 190g
- Uvas - 70g
- Limón (pelado) - 1 fruta 58g

¿Cómo Prepararlo?:

Lave todos los ingredientes completamente.

Hágalos jugo todos juntos y disfrute de esta bebida fresca inmediatamente.

Calorías totales: 212

Vitaminas: Vitamina A 679µg, Vitamina C 131.4mg, Calcio 230mg

Minerales: Sodio 179mg, Potasio 1430mg

Azúcares 51g

51. Mango - Jengibre

Beneficios:

Un flavonoide llamado hespérida que se encuentra en las naranjas puede reducir la presión arterial alta y prevenir el cáncer. El jengibre ha sido demostrado que ayuda a prevenir el crecimiento de tumores cancerígenos.

Ingredientes:

- Raíz de Jengibre - 1/2 pulgar 10g

- Uvas - 140g

- Mango - 1 fruta sin desperdicio 330g

- Orange - 1 small 95g

- Ananá - 1 taza, en trozos 165g

¿Cómo Prepararlo?:

Lave todos los ingredientes completamente.

Hágalos jugo todos juntos y disfrute de esta bebida fresca inmediatamente.

Calorías totales: 230

Vitaminas: Vitamina A 625µg, Vitamina C 294.2mg, Calcio 201mg

Minerales: Sodio 40mg, Potasio 1104mg

Azúcares: 4g

52. Delicia de Jengibre y Ananá

Beneficios:

El ananá reduce los riesgos de la progresión de la degeneración macular relacionada a la edad. La raíz de jengibre es genial ya que previene el crecimiento de tumores cancerígenos y puede también ayudar a bajar una fiebre alta.

Ingredientes:

- Raíz de Jengibre - 1/2 pulgar 10g

- Mango - 1 fruta sin desperdicio 335g

- Orange - 1 pequeña 95g

- Ananá - 1 taza, en trozos 165g

¿Cómo Prepararlo?:

Lave todos los ingredientes completamente.

Hágalos jugo todos juntos y disfrute de esta bebida fresca inmediatamente.

Calorías totales: 212

Vitaminas: Vitamina A 536µg, Vitamina C 328.1mg, Calcio 321mg,

Minerales: Sodio 39mg, Potasio 1088mg

Azúcares 44g

53. Verdes Dulces

Beneficios:

Las manzanas protegen a las células cerebrales del daño de radicales libres, y el brócoli reduce todos los tipos de cáncer. El sulforafano de la col rizada ha mostrado tener un poderoso efecto en la prevención del cáncer, especialmente en el cáncer de colon, induciendo a las células cancerígenas a autodestruirse.

Ingredientes:

- Manzana - 1 mediana 180g
- Brócoli - 150g
- Hojas de Col - 1 taza, cortada 35g

- Col Rizada – 4 hojas (8-12") 140g

- Naranja - 1, 135 g

¿Cómo Prepararlo?:

Lave todos los ingredientes completamente.

Hágalos jugo todos juntos y disfrute de esta bebida fresca inmediatamente.

Calorías totales: 158

Vitaminas: Vitamina A 650μg, Vitamina C 213mg, Calcio 180

Minerales: Sodio 126mg, Potasio 953mg

Azúcares 21g

54. Mix Dande

Beneficios:

Los dientes de león son muy conocidos por el hecho de que reducen el riesgo de cáncer y disminuyen los niveles de estrés. Los limones son una gran fuente de vitamina C, que ayuda al cuerpo a mantener un sistema inmune fuerte.

Ingredientes:

- Manzanas - 2 medianas 360g
- Pepino - 1/2 pepino 150g
- Diente de León - 1 taza, cortados 55g
- Limón - 1/2 fruta 42g

- Batata - 120g

¿Cómo Prepararlo?:

Lave todos los ingredientes completamente.

Hágalos jugo todos juntos y disfrute de esta bebida fresca inmediatamente.

Calorías totales: 178

Vitaminas: Vitamina A 531µg, Vitamina C 130mg, Calcio 200mg,

Minerales: Sodio 95mg, Potasio 1013mg

Azúcares 25g

55. Comienzo ABP

Beneficios:

Las manzanas son muy buenas porque reducen el riesgo de cáncer. Los pimientos son poderosos antioxidantes, ayudando a prevenir el cáncer de páncreas y próstata.

Ingredientes:

- Manzanas - 2 medianas 350g
- Raíz de Remolacha - 2 remolachas 160
- Zanahoria - 1/ 65g
- Pimiento (rojo dulce) - 1 mediano 115g

¿Cómo Prepararlo?:

Lave todos los ingredientes completamente.

Hágalos jugo todos juntos y disfrute de esta bebida fresca inmediatamente.

Calorías totales: 230

Vitaminas: Vitamina A 970µg, Vitamina C 124mg, Calcio 103mg,

Minerales: Sodio 10 mg, Potasio 231 mg

Azúcares 6g

OTROS GRANDES TÍTULOS DE ESTE AUTOR

Entrenamiento de Fortaleza Mental Avanzado para Fisiculturistas : Usando la Visualización para Empujarse al Limite

Por

Joseph Correa

Nutricionista Deportivo Certificado

Haciendose Mas Fuerte Mentalmente en el Fisiculturismo Usando la Meditación : Alcance su Potencial Controlando sus Pensamientos Internos

Por

Joseph Correa

Nutricionista Deportivo Certificado

www.ingramcontent.com/pod-product-compliance
Lightning Source LLC
Chambersburg PA
CBHW070149080526
44586CB00015B/1916